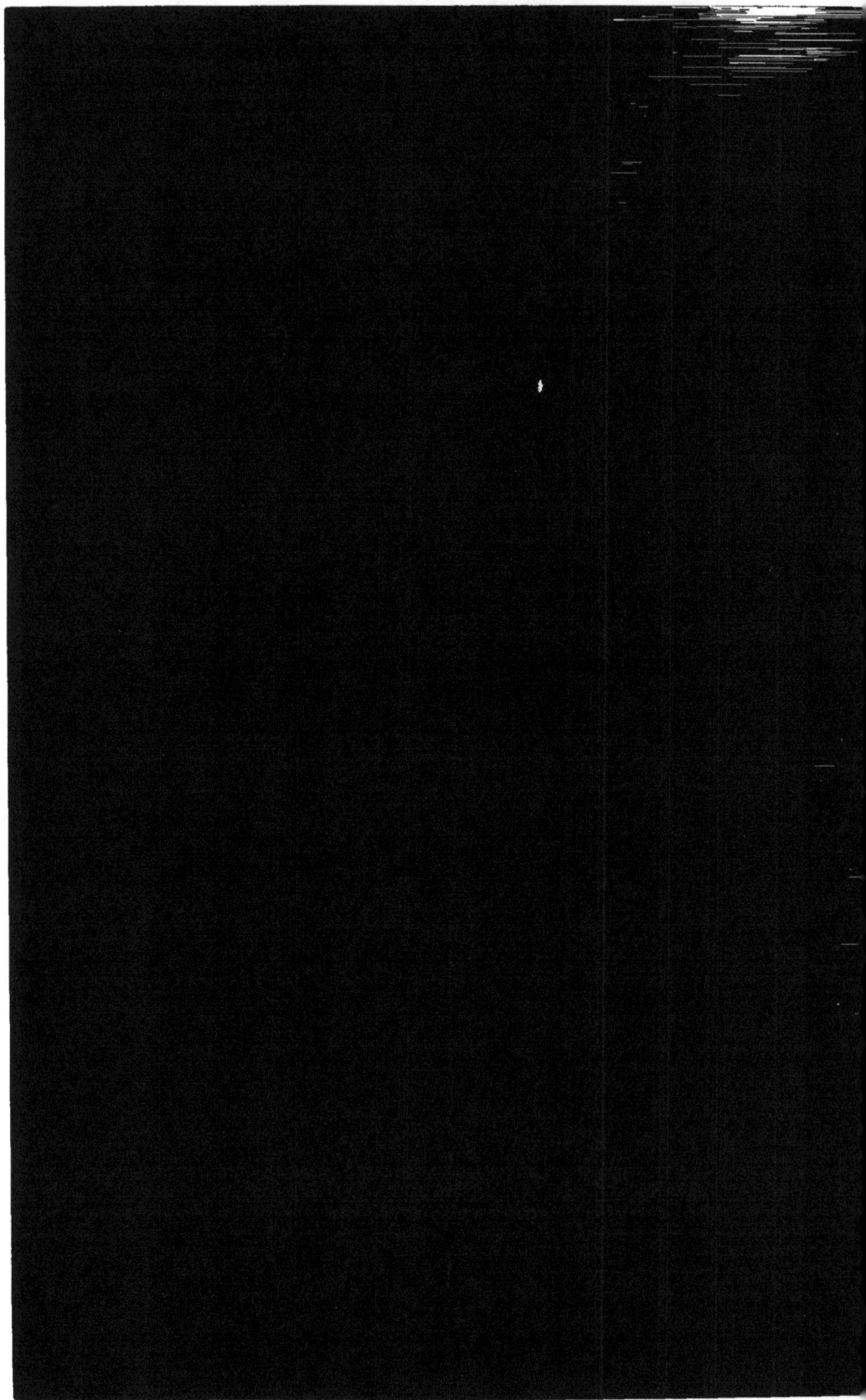

CH. DOYÈRE

INGÉNIEUR GÉNÉRAL DU GÉNIE MARITIME
DIRECTEUR DU SERVICE TECHNIQUE DES CONSTRUCTIONS NAVALES
AU MINISTÈRE DE LA MARINE

La Protection

DES

Navires de Commerce

contre les Sous-Marins

PARIS

Augustin CHALLAMEL, Éditeur

17, Rue Jacob

Librairie Maritime et Coloniale

1918

CH. DOYÈRE

INGÉNIEUR GÉNÉRAL DU GÉNIE MARITIME
DIRECTEUR DU SERVICE TECHNIQUE DES CONSTRUCTIONS NAVALES
AU MINISTÈRE DE LA MARINE

La Protection

DES

Navires de Commerce

contre les Sous-Marins

PARIS
Augustin CHALLAMEL, Éditeur
17, Rue Jacob
Librairie Maritime et Coloniale

1918

EXTRAIT

DE LA

Revue de la Marine Marchande

La Protection des Navires de Commerce
contre les Sous-marins

... La question de la protection de notre commerce maritime et de notre ravitaillement contre les sous-marins présente deux faces et la lutte à soutenir comporte deux catégories de moyens.

Les uns ont pour but la destruction de l'ennemi ; ce sont ceux-là qui constituent à proprement parler la guerre sous-marine. Patrouillage, installation de canons sur les bateaux de commerce, pièges contre sous-marins, recherche et destruction de leurs bases de ravitaillement, emploi des hydravions, etc. C'est là le côté offensif de la lutte.

Ce n'est pas sur cette face du problème que je veux appeler l'attention. Mon but n'est pas d'ouvrir la discussion sur les meilleurs types de navires appropriés à la guerre sous-marine, sur leur armement, sur leur mode d'emploi, sur l'organisation des patrouilles, etc. Ce sont là des questions qui m'échappent et que seuls, peuvent et doivent trancher les services militaires à qui incombent la conduite et la responsabilité des opérations.

C'est l'autre côté de la question que je voudrais mettre en lumière et sur lequel il me paraît urgent que se portent tout spécialement les regards et les efforts des intéressés directs, les armateurs et les constructeurs de la Marine marchande.

Ceux-ci ont, en effet, un rôle à jouer et ne sauraient se contenter d'attendre passivement que les services militaires les protègent.

Ce rôle, c'est de prendre les dispositions et de *consentir les sacrifices nécessaires* pour protéger leurs navires contre la blessure que peut leur faire la torpille. Le jour où le sous-marin allemand, remontant en surface après avoir lancé son projectile contre un cargo, trouverait devant lui un adversaire, blessé sans doute, mais parfaitement en état et de continuer sa route et d'envoyer au pirate quelques projectiles bien placés, il me paraît probable que l'audace du bandit, audace facile contre des victimes sans défense, diminuerait quelque peu.

Est-il possible de protéger un navire contre la torpille ? S'il s'agit de cuirassés, de grands croiseurs, de paquebots à construire dans l'avenir, je crois pouvoir répondre hardiment : « Oui, à condition que l'on consente à faire, sous une forme ou sous une autre, le *sacrifice inévitable* pour assurer cette protection. »

Tout est là. L'erreur du passé a été de s'imaginer qu'on pourrait défendre un vaisseau de guerre contre le plus terrible de ses ennemis sans qu'il en résultât une modification radicale dans l'équilibre et le balancement de ses qualités diverses, des éléments divers de son programme.

.   .   .   .

On voit aujourd'hui plus clair. Des expériences poursuivies en France et en Angleterre, dans des ordres d'idées très différents (expériences commencées chez nous bien avant la guerre, dès le début de 1913) nous ont amenés, de part et d'autre de la Manche, à considérer comme parfaitement possible la protection du cuirassé contre l'explosion d'une torpille portant 150 à 200 kilogrammes d'explosifs...

Mais les procédés auxquels je viens de faire allusion ne sont pas réalisables, au cours des hostilités, sur des navires marchands de type ordinaire, surtout sur des navires déjà existants, soit parce que leurs dispositions n'en permettent pas l'emploi, soit parce qu'il n'est pas possible, à l'heure présente, d'immobiliser ces cargos pendant des mois pour les transformer.

Pour ces navires — qu'il s'agisse de bâtiments existants ou de bâtiments à construire rapidement pour réparer les pertes — il faut une solution simple et d'application immédiate. Je n'en vois guère qu'une, celle de l'adoption des *bourrages protecteurs*.

Les principes de ce système de protection sont les suivants :

1° Remplir de matières encombrantes et légères une fraction des capacités intérieures du navire telle que la densité de l'ensemble des matériaux et objets qui constituent le bâtiment soit, si possible, inférieure à 1 ou du moins voisine de 1.

Dans le premier cas, même en supposant la totalité des capacités intérieures en libre communication avec la mer, le navire flotte, comme flottent à la surface des océans tant d'épaves de vieux navires en bois, repérés par les navigateurs depuis de longues années.

Dans le second cas (densité > 1, mais s'en rapprochant), la protection est moins complète, mais le navire peut encore flotter avec des avaries qui mettent, sinon la totalité, du moins une grande fraction de ses cales en communication avec la mer. Or, l'hypothèse de l'invasion totale de la cale par l'eau, sans qu'aucune cloison fasse barrage, est fort peu vraisemblable.

2° (Car il ne suffit pas que le navire flotte), répartir les bourrages de telle façon que le bâtiment avarié conserve de la stabilité et ne chavire pas, par exemple après apiquage de ses extrémités.

Dès le mois de novembre 1916, des bourrages protecteurs ont été prévus et installés sur certains de nos bâtiments de patrouille. A vrai dire, ces navires sont trop petits pour que ce mode de protection puisse être complètement efficace ; les bourrages n'empêcheront pas d'aussi petites coques d'être coupées en deux en cas d'explosion d'une torpille au contact. Mais ils pourront soit retarder la catastrophe dans certains cas, soit même agir efficacement pour l'empêcher, dans l'hypothèse d'une avarie limitée provenant de projectiles, de bombes, d'une torpille éclatant à quelque distance de la coque.

Postérieurement à cette date, à titre d'étude destinée à illustrer, par un exemple concret, le principe de la protection par bourrages, j'ai établi un avant-projet de *chaland à vapeur, porteur de troupes*, dans lequel l'application de ce principe a été poussée à l'extrême et développée même au-delà des limites nécessaires. Je ne m'étais pas seulement proposé, en effet, d'insubmersibiliser le bateau, mais encore de protéger la plus grande fraction possible de ses capacités intérieures contre la blessure et les éclats provenant de l'explosion.

... Je ne décris pas ce chaland, qui répondait à un programme fictif que je m'étais fixé moi-même. C'est seulement sur sa protection que j'appelle l'attention.

Pour en résumer d'un mot le dispositif, on peut dire que ce chaland est un radeau, complètement bourré de matières obturantes jusqu'à la hauteur de la flottaison en charge et portant au dessus de celle-ci une coque de navire entière. Il n'y a d'exception que pour le compartiment de la machine qui, en raison de la position de l'hélice, descend obligatoirement au-dessous de l'eau.

L'épaisseur du radeau ainsi formé est telle que, sauf par le travers de la machine, ses flancs et son fond sont à une distance de 4 mètres au moins de la coque intérieure dans la région milieu, de 3 m. 50 au minimum à l'extrême-avant.

Le bordé de la coque intérieure a 30 millimètres d'épaisseur : il forme donc cloison et fond pare-torpille. Il y a tout lieu d'espérer que dans ces conditions, une torpille de 150 kilogrammes éclatant au choc sur le bordé extérieur, ne défoncerait pas la coque interne. Cette probabilité résulte des expériences faites à Lorient sur des caissons.

Au surplus, même en supposant que la coque intérieure fût crevée, l'avarie serait certainement beaucoup moins grave que sans les bourrages et les calculs dont on verra plus loin les résultats démontrent que, même dans cette hypothèse, la sécurité du flotteur reste assurée.

Le bâtiment est, comme je l'ai déjà dit, un chaland, construit avec les formes les plus simples : muraille droite, sections transversales rectangulaires, flottaison rectangulaire terminée à l'avant et à l'arrière par deux ogives. A l'arrière, œuvres mortes élargies par une construction en encorbellement. Ces formes sont évidemment très mauvaises au point de vue de la résistance à la marche, mais ce n'est point d'un bateau de vitesse qu'il s'agit.

Ses dimensions principales sont les suivantes :

Longueur entre perpendiculaires	120 mètres
— hors tout	124 —
Largeur de la carène....................	16 —
— hors défenses...................	16 m. 30
Profondeur de carène	4 mètres
Tirant d'eau AR	4 m. 50
Volume de carène	6.400 mèt. cub.
Déplacement sans appendices	6.566 tonneaux
— avec appendices (environ)	6.600 —

Au-dessus de la flottaison en charge, le navire a deux entreponts. L'entrepont inférieur, en abord des cloisons pare-torpilles, est rempli de bourrages formant un cofferdam. La partie intérieure de cet entrepont et tout l'entrepont supérieur, ainsi que des constructions légères au-dessus du pont supérieur, sont réservés aux emménagements. En couchettes ou en hamacs, le bateau peut loger 1.200 hommes. Pour une courte traversée n'exigeant pas le couchage, il en porterait 2.000 dans l'entrepont et les roofs et beaucoup plus si on en ajoute sur le pont.

Il comporte en plus une cale de chargement d'un volume de 340 mètres cubes.

Son devis résumé de poids s'établit comme suit :

Coque..............................	1.566 tonneaux
Caisson de protection intérieure (avec ses montants et taquets).................	686 —
Bourrages (7.677 mètres cubes)	1.389 —
Accessoires et matériel fixe	521 —
Exposant de charge, passagers compris, mais sans chargement....................	1.144 —
Total lège	5.306 tonneaux
Reste pour disponible et pour chargement.	1.494 —
Total général	6.800 tonneaux

Le $\rho - a$ lège est de 2 m. 10 environ. Il reste sensiblement le même et voisin de 2 mètres, en supposant un chargement de 1.000 tonnes uniformément réparti dans la cale (chargement lourd, puisque celle-ci n'a que 340 mètres cubes) et 194 tonneaux environ d'imprévu et de disponible appliqués au centre de gravité général.

Les bourrages sont répartis en compartiments séparés par des cloisons étanches ou sensiblement telles, distantes l'une de l'autre de 10 mètres.

Il est évident qu'une brèche produite par une explosion dans les fonds, si elle ne crève pas les parois du caisson intérieur, aura uniquement pour effet la destruction d'une portion limitée des bourrages et leur remplacement par un volume égal d'eau. Il faut faire une hypothèse sur l'importance de l'avarie pour en calculer les conséquences.

En supposant une *avarie à cheval sur une des cloisons, détruisant la moitié du volume des bourrages des deux compartiments lésés, c'est-à-dire la totalité du bourrage de ces compartiments entre le plan diamétral et la muraille avariée* (ce qui est tout-à-fait excessif), on trouve, par un calcul approximatif, très suffisamment exact pour rendre compte des faits, que le bâtiment supposé primitivement dans ses lignes d'eau normales ($T_{AV} = 3$ m.50, $T_{AR} = 4$ m.50), ne court aucun risque si la brèche n'intéresse pas le compartiment des machines. Il prend, dans le cas le plus mauvais (avarie sur la cloison 2 à partir de l'AV) une contre-différence de 0 m.50. Mais il conserve à l'étrave un franc-bord de plus de 5 mètres. Transversalement, sa bande est de 12°30, ce qui serait évidemment gênant, mais le bord sous le vent ne s'immerge que de 1 m.95 à 2 mètres et la flottaison inclinée atteint à peine le niveau du premier faux-pont.

Il est d'ailleurs certain que l'hypothèse d'une destruction totale du bourrage sur une longueur de 20 mètres et une largeur de 8 mètres partout est tout à fait extrême.

Le cas vraiment le plus grave correspond à l'avarie à cheval sur la cloison 10, c'est-à-dire sur la cloison avant de la chambre de la machine. Dans cette éventualité, l'eau envahit, en même temps que la moitié des compartiments bourrés, toute la surface de la machine. Le volume de liège détruit représente en gros 400 mètres cubes et la bande serait d'environ 7°. Mais l'apiquage sur l'ÆR est considérable et provoquerait certainement le remplissage de la chambre de la machine jusqu'au faux-pont supérieur. Le poids d'eau introduit serait approximativement, en supplément du poids du liège détruit :

Dans les compartiments de bourrage........	340 tonneaux
Dans la machine, déduction faite d'un quart du volume pour poussée des matériaux et encombrement	330 tonneaux
Total	670 tonneaux

et le navire se trouverait dans les conditions ci-après :

Enfoncement au milieu	Tirant d'eau AV	Tirant d'eau ÆR	Bande
0 m. 40	2 m. 79	6 m. 03	7°

Ces conditions constituent évidemment une avarie très grave mais elles n'entraînent pas forcément une catastrophe. La flottaison inclinée longitudinalement passe à peine à la hauteur du premier faux-pont à l'extrême ÆR. Transversalement, le bord sous le vent n'est enfoncé que de 1 m. 40 environ au maître-couple. Le chaland est évidemment désemparé puisqu'il a perdu sa machine, mais il ne sombre pas.

Supposons maintenant *que l'explosion de la torpille fasse brèche dans le caisson de protection* et admettons *que les deux tranches de la capacité intérieure qui correspondent aux deux tranches du double fond puissent être envahies par l'eau.*

Le calcul montre que l'avarie n'est pas sensiblement aggravée dans le cas où elle se produit sur l'avant. Les avaries sur l'ÆR le seraient plus sérieusement et pourraient mettre le navire en position critique.

Mais, ainsi que je l'ai dit plus haut, ces calculs correspondent à l'hypothèse de brèches d'une étendue invraisemblable et, d'autre part, les expériences de Lorient donnent tout lieu d'espérer que le caisson intérieur ne sera pas crevé.

Dans ce qui précède, j'ai supposé le navire en charge complète. Si on le suppose lège, le calcul montre que les conditions sont améliorées.

J'ai étudié le cas du même chaland, destiné à porter non pas des passagers, mais du charbon.

J'ai donc supprimé toutes les installations relatives au personnel

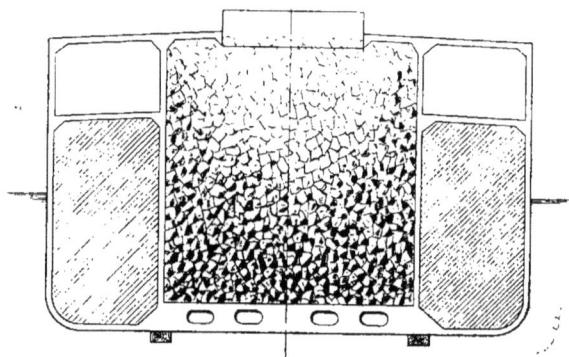

Figure 1.

transporté ; j'ai transformé toute la partie centrale en cales et consacré au logement de l'état-major, de l'équipage et du matériel du bord la teugue et la partie de l'entrepont supérieur en abord du caisson.

Comme le charbon forme par lui-même un bourrage très effectif, il est possible, dans ce cas, de faire descendre le caisson en cuvette en-dessous de la flottaison, au moins dans toute la partie centrale... Peut-être pourrait-on même, au moins vers le milieu de la longueur, aller plus loin encore et constituer des chalands ayant une section transversale milieu comme ci-dessus (fig. 1).

Quoi qu'il en soit, le *chaland charbonnier à vapeur* que j'ai envisagé a les mêmes dimensions que le transport précédent.

Son volume de cales est de 3.000 mètres cubes environ et il peut porter, au tirant d'eau de 4 mètres, 2.500 tonnes de charbon — non compris celui des soutes du bord. — Avec une puissance de 1.800 chevaux, il peut donner une vitesse de 9 nœuds à 9 n.1 /2.

Il a, dans ces conditions, un franc-bord de 4 mètres au milieu (non compris le pavoi du pont supérieur) ; une surimmersion de 0 m. 60 lui permettrait de porter 1.000 tonnes de chargement en plus.

Je n'insiste pas sur les calculs, analogues à ceux du cas précédent, établissant les conditions d'assiette et de stabilité dans divers cas d'avaries.

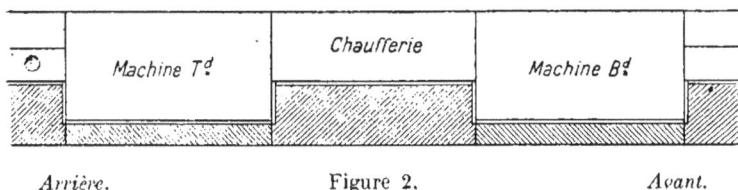

Arrière.   Figure 2.   Avant.

Je ne discute pas non plus l'amélioration qui résulte du report de la machine dans la région milieu du navire, de façon que son envahissement par l'eau ne fasse pas apiquer le bâtiment vers l'arrière. Je ne parle pas enfin de l'intérêt évident qu'on trouverait à l'emploi de deux machines placées dans des compartiments séparés par une tranche de bourrages, au-dessus de laquelle serait la chaufferie, entre les deux machines (fig. 2).

Bien que les chalands de l'espèce puissent être, grâce à la simplicité de leurs formes, aisément et rapidement construits, si l'on possède les matériaux et si l'on peut se procurer les machines et les chaudières nécessaires, il me paraît inutile de m'étendre plus longuement sur ce sujet et j'aborde maintenant la question de la protection des navires de commerce *existants*.

Envisageons d'abord le bâtiment lège, toutes cales de chargement vides. Soit P_0 son déplacement. Imaginons que l'on distribue dans son intérieur un volume V de bourrages compacts ayant une densité δ. Soit Δ la densité moyenne des autres matériaux sur lesquels s'exercerait la poussée, le navire étant complètement immergé ou, plus exactement, soit $\frac{1}{\Delta}$ la poussée moyenne en tonnes, qui s'exercerait sur eux, en eau douce pour chaque tonne du déplacement P_0.

En supposant la totalité des capacités intérieures du navire en libre communication avec l'eau, le volume du bourrage nécessaire pour l'insubmersibilité dépend évidemment de δ et de Δ.

Pour δ, les essais faits à Lorient de différents bourrages (voir plus loin), ont montré qu'on peut arriver à $\delta = 0.15$ à 0.18.

Δ dépend de la nature des matériaux qui constituent la coque et des objets qui sont à bord. Sur un cargo en fer, une notable partie des matériaux a la densité 7,8 (acier), voire même 8.8 (cuivre ou bronze) ; mais, une fraction également très importante se compose de bois (densité < 1), de ciment, de carrelages (densité de l'ordre de 2 à 3), de pièces creuses et étanches telles que cylindres, condenseurs, caisses à eau, chaudières. Pour toutes ces raisons et d'après l'examen de quelques cas, j'estime qu'on est au-dessus de la vérité en supposant $\Delta = 5$ (1).

Il résulterait de là :

Pour $\delta = 0,15$, $V > 0,90$ P_0 d'où Poids de bourrage $> 0,135$ P_0.
Pour $\delta = 0,18$, $V > 0,94$ P_0 Poids de bourrage $> 0,17$ P_0.

En fait, comme l'hypothèse d'une invasion totale des capacités intérieures par l'eau en cas d'avarie est tout à fait excessive, ces chiffres montrent qu'avec une densité de bourrage voisine de 0,15, l'insubmersibilité du navire lège peut être obtenue moyennant un poids de bourrages n'excédant pas 12 ou 13 p. 100 du déplacement, par exemple moyennant 500 tonnes de bourrages sur un navire dont le déplacement lège serait de 4.000 tonnes.

Le cas du cargo en charge est plus complexe : plus exactement, il y a un cas particulier pour chaque composition de chargement.

Tant que la densité moyenne du chargement reste faible, ce

---

(1) Un cargo en bois aurait une valeur de Δ notablement plus petite.

Cale N°1
Cale N°2
Cale N°3
Cale N°4
Cale N°5

Entrepont sup.
Entrepont inf.
Equipage
Magasin
Panneau N°1
Panneau N°2
Panneau N°3
Panneau N°4
Panneau N°5
Chaufferie
Tambour de la machine
Soute à charbon
Charbon
Soute de réserve
Machine
Tunnel
Niche de l'arbre porte hélice
Cambuse
W.C.
T.S.F.
Eau douce
Tambours machine et chaufferie
Puits voiles
Chaîne

chargement fait lui-même bourrage. Il est évident, en effet, que si le navire porte du liège ou du bois léger, ces matériaux ne font qu'augmenter la flottabilité en cas d'envahissement des cales par l'eau.

Au contraire, avec un chargement de plus grande densité, il peut être — pratiquement, sinon théoriquement — impossible d'insubmersibiliser le bâtiment d'une façon complète...

Ici apparaît nettement la part qui revient à l'armateur ou au commandant d'un bâtiment dans les moyens d'assurer la sécurité de leur navire. C'est à eux qu'il appartient de ne point charger celui-ci d'une façon quelconque et de marchandises quelconques, mais de combiner le chargement de telle façon qu'il n'en résulte pas forcément une catastrophe en cas d'avarie grave de la coque.

A la vérité, l'hypothèse de l'envahissement complet du bâtiment par l'eau, sans qu'il soit aucunement tenu compte du compartimentage, est à peine admissible. Mais, d'autre part, il ne suffit pas que le navire soit rendu insubmersible et flotte après avarie. Il faut, de plus, qu'il ne chavire pas, qu'il ne s'enfonce pas de façon excessive par l'avant ou par l'arrière, qu'il reste navigable. Une étude de chaque cas particulier est nécessaire en faisant des hypothèses vraisemblables sur l'étendue et l'emplacement de la brèche.

Voici par exemple (fig. 3) un plan d'ensemble que M. Godard, l'éminent directeur des chantiers de Penhoët, a bien voulu me communiquer. Il représente un cargo ayant les dimensions ci-dessous :

Longueur entre perpendiculaires	123 m. 50
Largeur au fort hors membres	15 m. 95
Creux sur quille au pont supérieur	11 m. 70
Creux sur quille au premier pont	9 m. 20
Poids de coque (nue) et accessoires..........	3.400 tx
Volume total des cales et entreponts de chargement.................................	11.636 mc.
Volume des soutes à charbon et soutes de réserve	1.830 mc.
Déplacement au tirant d'eau normal	12.600 tx métr.

Les parties hachurées sur le plan représentent les bourrages que je proposerais pour un bâtiment de ce genre.

Leur volume total est de 5.280 mètres cubes et leur poids, à la densité moyenne de 0,15, est d'environ 800 tonneaux (792). Ils sont répartis comme l'indique le tableau ci-dessous qui fait connaître en même temps les volumes primitifs des cales et entreponts de chargement et les volumes restant après bourrage :

	VOLUME primitif disponible pour le chargement.	VOLUME des BOURRAGES	VOLUME restant DISPONIBLE
Peak Av	»	67	»
Peak Ær	»	54	»
Cale n° 1	1.424	1.424	»
Cale n° 2	2.339	200	2.139
Soute de réserve Cale n° 3...	832	»	832
— Cale n° 4...	1.275	»	1.275
— Cale n° 5...	904	904	»
Entrepont inférieur n° 1.....	948	848	»
— n° 2.....	332	150	182
— n° 4.....	571	170	401
— n° 5.....	646	545	»
Entrepont supérieur n° 1 ...	544	445	»
— n° 2....	670	»	670
— n° 3....	661	»	661
— n° 4....	749	»	749
— n° 5....	420	320	»
Soutes à produits chimiques.	153	153	»
TOTAUX	12.468	5.280	6.909
Soutes à charbon	998	»	998
	13.466	5.280	7.907

On remarque que les bourrages sont disposés en presque totalité aux extrémités et complétés seulement par une ceinture formant cofferdam dans le premier entrepont, c'est-à-dire à la hauteur et au-dessus de la flottaison.

Au point de vue de la flottabilité du navire avec bourrages, divers cas peuvent être examinés.

Premier cas. — *Bâtiment complètement lège.* — Toutes les cales et entreponts sont supposés vides, ainsi que les soutes à charbon et le bâtiment réduit à son poids lège primitif, plus le poids des bourrages.

En le supposant complètement immergé et en attribuant aux matériaux de coque la densité moyenne de 5 (voir ci-dessus). on trouve que pour une densité de bourrage de 0,15, le navire serait ramené à la surface par un excédent de poussée égal à 1.923 tonneaux. Pour une densité de bourrage de 0,20, l'excédent de poussée serait encore de 1.659 tonnes.

Deuxième cas. — *Soutes et entreponts de chargement complètement remplis de charbon à la densité d'encombrement de 0,80 (800 kilogrammes par mètre cube de soutes) et à la densité de 1,40 (vides non compris). Soutes à charbon du bord vides, sauf les soutes de réserve.,*

Il y a encore excès de la poussée sur le poids d'environ 300 tonnes.

Troisième cas. — *Soutes et entreponts de chargement pleins de marchandises à la densité d'encombrement de 0,60 et à la densité réelle de 1,50. Charbon des soutes épuisé sauf les soutes de réserve..* — Il y a excès de la poussée sur le poids d'environ 275 tonnes.

Quatrième cas. — *Soutes renfermant, tant dans les soutes à charbon et de réserve que dans les cales et entreponts, un chargement l'amenant à son déplacement de 12.600 tonneaux.* — Ceci correspond à une décomposition de poids telle que :

Coque	3.400 tx.
Bourrage	792 tx.
Charbon des soutes alimentaires et de réserve . . .	1.466 tx.
Chargement	7.006 tx.
Total	12.662 tx.

On trouve que le navire n'est alors insubmersible que si la densité réelle du chargement ne dépasse par 1,31, sa densité d'encombrement étant de 0,886.

Ce peut être d'une réalisation difficile, mais je répète que tous ces cas correspondent à l'hypothèse tout à fait invraisemblable d'un envahissement total du bâtiment par l'eau. Dès qu'on tient

compte du cloisonnement et qu'on suppose une fraction seulement des capacités intérieures remplies, on trouve que le navire
conserve de la flottabilité, même en cas d'avarie extrêmement
grave et ce n'est pas par manque de flottabilité que la catastrophe tend à se produire.

Ce n'est même pas par manque de stabilité transversale proprement dite, si celle-ci était initialement convenable et si le
chargement a été raisonnablement réparti, les poids lourds dans
les fonds...

... En règle générale, le danger menaçant, immédiat, n'est pas
celui-là. La catastrophe résultera le plus souvent d'une brèche
se produisant dans un grand compartiment de l'extrême AV ou
de l'extrême AR (surtout de l'avant) provoquant un enfoncement
considérable, un apiquage de l'extrémité avariée et, par voie de
conséquence, une perte de stabilité transversale entraînant le
chavirement. Nous n'avons tous que trop souvent lu la descrip-
tion de cette catastrophe dans les récits des derniers instants des
bateaux torpillés.

La nature du danger suggère le remède ; il faut évidemment :
1° empêcher le remplissage des compartiments extrêmes ; 2° développer les bourrages de ces régions le plus possible au-dessus
de la flottaison de façon qu'en supposant la muraille avariée dans
ces régions, l'extrémité qui enfonce soit soulevée par une flottabilité supplémentaire au fur et à mesure qu'elle apique. Tel est
le but des bourrages disposés comme l'indique le plan.

Il faudrait, pour être complet, dresser des calculs analogues à
ceux déjà indiqués précédemment en envisageant successivement
divers cas d'avaries. Mais il y aurait une infinité d'hypothèses à
faire suivant la nature et la répartition du chargement.

. . . .

Je n'insiste pas plus longuement sur ces cas particuliers. C'est
un examen qu'il appartient aux intéressés de faire eux-mêmes en
tenant compte de la destination spéciale de leurs navires et de
leurs dispositions intérieures.

Ce que j'ai dit suffit pour montrer d'une part l'intérêt des bourrages, d'autre part la nécessité de combiner dans chaque cas la nature du chargement de façon à lui assurer une densité moyenne qui ne soit pas excessive et à le faire concourir, autant que possible, à la sécurité du bâtiment transporteur.

Autour de ces deux idées, beaucoup de variantes intéressantes peuvent être envisagées. On a proposé par exemple d'avoir des bourrages amovibles, qu'on ne mettrait en place que dans le cas où il n'aurait pas été possible de constituer un chargement auto-protecteur ou bien lorsque l'on aurait à traverser des zones parti-culièrement dangereuses. On a suggéré, par exemple, l'idée d'avoir un dépôt de ces bourrages à Marseille et un à Port-Saïd pour la traversée de la Méditerranée : les cargos les prendraient dans un des ports, les déposeraient dans l'autre et, soit eux, soit d'autres, les ramèneraient au retour. C'est, au fond, le système consistant à embarquer des barriques vides. La proposition mérite d'être examinée par les intéressés. A vrai dire ces bour-rages amovibles ne vaudront jamais, pour les extrémités avant et arrière, les bourrages fixes maçonnés. Mais les deux ne sont pas exclusifs et les bourrages amovibles peuvent venir comme appoint dans les cales même pour établir une densité moyenne convenable de chargement.

Le désir de sacrifier le moins possible du volume des cales a suggéré aussi l'idée de rapporter les bourrages extérieurement au navire, au-dessus de la flottaison, soit sous forme même de bourrages emprisonnés entre la coque et une tôlerie mince, soit sous forme de soufflages en bois ou en tôlerie. Ces soufflages peuvent être évidemment très efficaces. Leurs inconvénients sont le travail qu'exige leur installation, la difficulté de les tenir solidement le long de la coque, surtout sur des navires destinés à naviguer par grosses mers (à travers l'Atlantique, par exemple), la gêne qu'ils apportent à l'accostage et aux manœuvres le long du bord, à l'installation des porte-manteaux, des grues, etc... Mais il n'y a pas lieu d'écarter a priori cette solution. Il y en a peut-être d'autres encore, ne fût-ce, dans certains cas d'urgence, que des fascines pendues et saisies le long du bord. Il y a là un terrain de recherches sur lequel les esprits inventifs peuvent s'exercer.

Jusqu'à présent, j'ai parlé de bourrages sans spécifier leur nature et leur composition. J'y arrive maintenant.

A vrai dire, il n'y a pas lieu de se montrer exclusif et d'indiquer un mode unique de bourrages comme préférable à tout autre. Il faut, avant tout, s'inspirer des circonstances et tenir compte de ce que l'on peut se procurer.

Toute matière ou combinaison de matériaux peut convenir si elle réalise les conditions suivantes : occuper un grand volume sous un faible poids, pouvoir s'arrimer et se maçonner facilement, ne pas s'imbiber d'eau dans une forte proportion, ne pas se pourrir sous l'action de l'humidité de l'atmosphère ou des cales et résister à une pression d'eau correspondant à la profondeur à laquelle on peut supposer que le bourrage sera immergé.

Deuxième Note

Dans la note qui précède, je n'ai fait qu'indiquer le principe même des bourrages protecteurs.

Dans l'application, chaque cargo particulier doit donner lieu à une étude spéciale, dont le point de départ est la connaissance de la nature du chargement que le navire doit transporter.

A l'heure présente, les exigences militaires imposent souvent la nécessité d'envisager des chargements uniquement composés de poids lourds, tels que des blooms d'acier, des obus, des rails de chemin de fer, des cornières, des tôles, etc., dont la densité propre est de l'ordre de 7,5 à 8.

Il est évident qu'un chargement de cette nature n'occuperait qu'une minime fraction du volume des cales qui ont été laissées vides dans le cargo-type envisagé précédemment ; que, par conséquent, en cas de torpillage, l'invasion d'eau serait énorme et le bâtiment presque infailliblement perdu.

S'il était possible, au contraire, de spécialiser le bâtiment pour ce genre particulier de transport, son insubmersibilisation deviendrait relativement facile.

Le navire considéré a, en gros, 7.000 tonnes de port en lourd. En supposant que la densité propre de ce chargement soit égale à 7, il représente un volume de 1.000 mètres cubes seulement, qui, arrimé avec un tiers ou même la moitié de vide, peut se loger dans un espace de 1.500 à 2.000 mètres cubes. Quelle nécessité, dès lors, de laisser disponibles et vides les 8 ou 10.000 mètres cubes que représente le volume total des cales, volume dont le remplissage, même partiel, entraînera fatalement une catastrophe ? La solution qui s'impose est de remplir, au moyen de bourrages disposés comme le représente le croquis ci-annexé, le volume des cales, en réduisant le vide à ce qui est strictement nécessaire pour le transport du chargement spécial envisagé et dût-on pour cela réduire le port en lourd du navire. Ainsi traité, le cargo devient pratiquement insubmersible (fig. 4). La réduction du port en lourd est d'ailleurs assez faible puisqu'elle se chiffre par le *poids* du bourrage et non pas par son volume. Elle peut être de l'ordre de 10 p. 100.

En somme, ceci équivaut à la solution du chaland charbonnier dont j'ai parlé dans ma première note.

Pour les paquebots, transports de troupes, etc., il semble bien qu'on puisse aussi, au moins dans certains cas, bourrer la presque totalité des cales et se rapprocher ainsi de la solution du chaland n° 1 de ma note.

Le problème n'est délicat que pour les cargos auxquels on veut laisser la libre faculté d'embarquer et de répartir à leur gré des chargements quelconques. Mais est-il raisonnable de leur laisser cette faculté ? A mon sens, c'est contre elle qu'il faut lutter. Alors qu'on a pu, en temps de paix, imposer une réglementation sur la ligne de charge, n'est-il pas possible en temps de guerre, quand l'intérêt général et la vie même du pays sont en jeu, d'intervenir, ne fût-ce qu'à titre de conseils, dans la question du chargement et de l'arrimage des marchandises à bord des transports ?

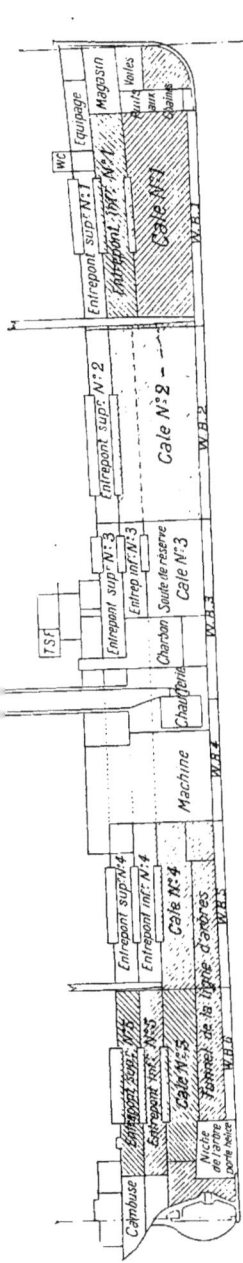

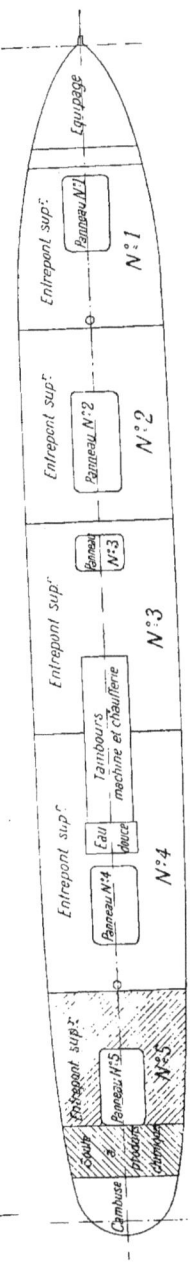

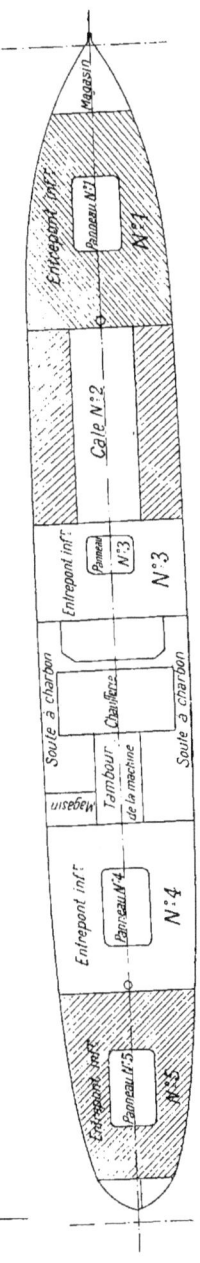

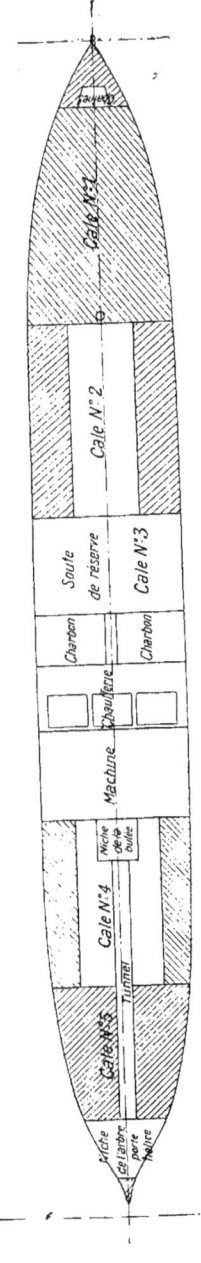

Cambuse — Entrepont sup.t N°5 — Entrepont inf.t N°5 — Cale N°5 — Niche de l'arbre porte hélice — Tunnel de la ligne d'arbres — W.H.5

Entrepont sup.t N°4 — Entrepont inf.t N°4 — Cale N°4 — Machine — Chaufferie — W.H.4

T.S.F. — Entrepont sup.t N°3 — Entrepont inf.t N°3 — Soute de réserve — Cale N°3 — Charbon — W.H.3

Entrepont sup.t N°2 — Cale N°2 — W.H.2

WC — Entrepont sup.t N°1 — Entrepont inf.t N°1 — Cale N°3 — W.H.1 — Équipage — Magasin — Voiles — Puits aux chaines

---

Cambuse — Soute à provisions — Entrepont sup.t — Panneau N°5 — N°5

Entrepont sup.t — Panneau N°4 — Eau douce — N°4

Entrepont sup.t — Tambours machine et chaufferie — N°3

Entrepont sup.t — Panneau N°2 — N°2

Entrepont sup.t — Panneau N°1 — N°1 — Équipage

Entrepont inf.t — Panneau N°5 — N°5

Entrepont inf.t — Panneau N°4 — Magasin — N°4 — Tambour de la machine — Chaufferie — Soute à charbon

Entrepont inf.t — Panneau N°3 — N°3 — Soute à charbon

Cale N°2 — Panneau N°2 — N°1 — Panneau N°1 — Entrepont inf.t — Magasin

---

Niche de l'arbre porte hélice — Cale N°5 — Tunnel — Machine — Niche de la buée — Cale N°4 — Chaufferie — Charbon — Soute de réserve — Cale N°3 — Charbon — Cale N°2 — Cale N°1 — Paquets

Chaque cas particulier doit donner lieu à une étude. On ne peut que poser des principes généraux tels que les suivants :

1º Autant que possible, *spécialiser chaque navire* pour un genre de transport déterminé et ne conserver vide que le volume de cale strictement nécessaire pour recevoir le *poids maximum* de cette marchandise que le bâtiment peut porter.

2º Remplir tout le reste des cales de bourrages légers (caisses métalliques, liège, bambous, etc.) susceptibles d'empêcher ou tout au moins de restreindre l'invasion de l'eau et d'augmenter la flottabilité du navire.

3º Donner, si possible, à ces bourrages un développement tel que la densité moyenne du navire ainsi chargé soit égale à 1 ou voisine de 1.

4º Développer largement surtout les bourrages des extrémités.

5º Pour chaque navire ainsi spécialisé, faire établir à l'avance, par un organisme de contrôle (Board of Trade, Bureau Veritas, Lloyd, etc.), une étude et un plan des bourrages et *en conseiller l'adoption* aux armateurs et aux chargeurs.

6º Pour les navires qu'il n'aura pas été possible de spécialiser pour une nature déterminée de transports, préconiser tout au moins le bourrage des extrémités.

Exercer un contrôle sur la composition et la répartition du chargement de ces navires.

Interdire de façon absolue que des bateaux non spécialisés puissent être uniquement chargés de marchandises denses et répartir celles-ci entre plusieurs navires, en complétant les chargements par des marchandises légères.

7º Tenir compte, bien entendu, de la nature du navire lui-même et de son compartimentage. Un navire en bois, ayant une densité propre plus faible que celle d'un navire en fer, peut, toutes choses égales d'ailleurs, recevoir des chargements plus denses.

8º Consolider toutes les cloisons étanches en les étayant au besoin avec des accores en bois.

9º Supprimer toute ouverture dans les cloisons des cales et

remplacer par des tôles rivées toutes les portes dites étanches des fonds.

10° Assurer la fermeture et l'étanchéité des écoutilles des cales, de façon à empêcher le passage de l'eau d'une cale envahie dans les entreponts et son déversement d'une cale dans l'autre. S'il le faut, ajouter dans ce but des tambours étanches autour des panneaux dans les entreponts.

Toutes ces mesures et autres semblables, que peut suggérer l'examen des dispositions particulières de chaque navire, doivent être conseillées et vulgarisées autant que possible. On ne saurait admettre que par ignorance ou par intérêt mal compris, on néglige de prendre toutes les précautions susceptibles de sauver des marchandises nécessaires à la défense et à la vie nationale.

J'entends bien ce qui me sera objecté, particulièrement en ce qui concerne les bourrages. On me dira que si ceux-ci font perdre 15, 20, 25 p. 100 ou plus de la capacité de transport des cargos, la situation restera la même, après leur adoption, que si nous avions perdu, par torpillage ou autrement, 15, 20, 25 p. 100 de la flotte commerciale qui nous dessert.

Je crois ce raisonnement inexact au point de vue de l'intérêt général.

En supposant en effet que les sous-marins nous coulent, dans un certain laps de temps, 20 p. 100 par exemple de nos cargos et en admettant, d'autre part, qu'au prix de 20 p. 100 de réduction sur leur capacité de chargement, on puisse empêcher ces cargos de sombrer, le résultat sera-t-il le même ? Evidemment non. Le problème se pose en effet comme suit :

Pour faire parvenir à destination 100.000 tonnes de marchandises, il aura fallu :

1° Ou bien, dans le cas où on se sert de bateaux ordinaires, sans protection, embarquer au départ 125.000 tonnes dont 25.000 sont destinées à être coulées avec les bateaux qui les portent ;

2° Ou bien embarquer exactement 100.000 tonnes sur des bateaux protégés qui ne couleront pas.

A l'arrivée, au point de vue unique de la *quantité de marchandises reçues*, les résultats seront identiques, mais dans le premier cas, on aura :

1º Perdu un certain nombre de navires transporteurs qui ne se retrouveront plus après la guerre ;

2º Perdu tout ou partie des vies humaines qu'ils portaient ;

3º Perdu les matières et la main-d'œuvre qui ont été dépensées dans le pays producteur pour fabriquer les 25.000 tonnes de marchandises englouties ;

4º Perdu au point de vue général ou détourné d'un meilleur emploi l'argent représenté par ces marchandises, par les primes d'assurances couvrant le risque de pertes soit de marchandises, soit de vies ;

5º Perdu, avec répercussion sur une longue période, l'argent représentant les indemnités, secours, pensions, etc., servis aux ayants-droit des naufragés ;

6º Augmenté le prix des marchandises à l'arrivée, de toute la valeur des risques, etc.

Or, à l'heure actuelle, en aucun pays, on n'a ni bateaux, ni matières, ni main-d'œuvre, ni vies humaines, ni argent à sacrifier sans profit.

Il y a donc, à mon avis, intérêt certain à essayer de protéger les navires marchands, fût-ce au prix de leur capacité de transport. L'emploi des bourrages me paraît un moyen. Il est discutable, comme toutes choses, et n'a pas la prétention d'être une panacée universelle. Mais ce qui me paraît, avant tout, à retenir, c'est qu'*on ne protégera pas les navires sans un sacrifice*. Reste à voir dans quelles limites on peut et on veut le consentir : c'est une question qui ne comporte probablement pas de réponse générale, mais des solutions particulières.

17 mai 1917.   Charles DOYÈRE.

ORLÉANS, IMP. H. TESSIER